I0026409

PROTECTION OU LIBERTÉ :

QUE

VEULENT LES COLONIES?

PAR

M. E. DE POYEN-BELLISLE

REPRÉSENTANT DE LA GUADELOUPE.

Pour les Colonies, une détaxe à l'entrée, combinée avec une prime uniforme à la sortie, sans distinction de provenance,

(Paroles de L'EMPEREUR à la députation des fabricants indigènes.)

PARIS

E. DENTU, LIBRAIRE-ÉDITEUR,

GALERIE D'ORLÉANS, 13 ET 15, PALAIS-ROYAL.

1868.

PROTECTION OU LIBERTÉ :

QUE VEULENT LES COLONIES ?

Lk⁹

585

PROTECTION OU LIBERTÉ :

QUE

VEULENT LES COLONIES?

PAR

M. E. DE POYEN-BELLISLE
REPRÉSENTANT DE LA GUADELOUPE.

Pour les Colonies, une détaxe à l'entrée, combinée
avec une prime uniforme à la sortie, sans distinction
de provenance.

(*Paroles de* L'EMPEREUR *à la députation des
fabricants indigènes.*)

PARIS

E. DENTU, LIBRAIRE-ÉDITEUR,
GALERIE D'ORLÉANS, 13 ET 15, PALAIS-ROYAL.

—

1863.

PROTECTION OU LIBERTÉ :

QUE VEULENT LES COLONIES ?

L'opinion publique, longtemps hostile aux colonies, semble aujourd'hui devenir pour elle d'une extrême bienveillance. Ce revirement soudain, spontané, ne trouve assurément pas une explication suffisante dans la mobilité du caractère français, dans la versatilité de l'opinion. Il faut la chercher ailleurs, dans le fond même des choses.

Jadis, tout était exception aux colonies : législation civile et commerciale, politique et économique ; mœurs et coutumes... l'état social lui-même ! rien n'était de droit commun ; tout y était ou y semblait être privilége. C'était comme une Bastille à démolir... et à qui donnerait l'assaut !

Aujourd'hui le 89 est fait. Février 48 a tout nivelé au delà des mers, comme son aîné sur le continent. Le domaine de l'homme sur l'homme n'est plus ; l'égalité civile existe, et, le temps aidant, les priviléges, les mo-

nopoles ont disparu. Les colons ne sont plus des sei-
gneurs. Ce sont des hommes luttant contre la rigueur des
temps; remuant la terre pour semer, et les moellons
pour édifier... le tout, selon le commandement divin,
à la sueur de leur front.

Et voilà pourquoi la fibre s'amollit à leur endroit ;
le cœur se sent pris d'une immense sympathie au ta-
bleau de leur détresse, au récit de leurs misères.

Les propriétaires, succombant sous le fardeau de
la dette, sur le point d'abandonner un sol devenu
ingrat par les combinaisons d'une législation impuis-
sante ou menteuse; les cultivateurs privés de leur sa-
laire quotidien, s'enfonçant dans la paresse et dans les
bois, et rétrogradant vers la sauvagerie; la production
surexcitée par les efforts du désespoir, au moment de
s'affaisser au niveau des plus mauvaises années; le
crédit à bout de ressources, prêt à s'engloutir dans le
même abîme avec ceux qu'il a tenté de secourir, telle
est la situation.

Et cependant, hâtons-nous de le dire, rien n'est
perdu encore. Non! Il n'est pas trop tard... à la condition qu'on se hâte.

Ces deux dernières campagnes, 1862-63, si déplo-
rables par leurs résultats économiques, ont été, à un
certain point de vue, les plus brillantes que les colonies aient fournies depuis longues années.

Légions de travailleurs versées par l'Inde, usines
centrales munies de la machinerie la plus perfection-
née, chaudières Wetzell et appareils centrifuges substi-
tués à l'antique ustensile du père Labat; enfin, comme

résultante de ces efforts divers, augmentation très-sensible de la production, constatée par les états de douane, tels sont les résultats acquis qu'il s'agit de sauvegarder et de développer.

Le gouvernement, paraît-il, est instruit de la situation des colonies. L'étude qui se poursuit en ce moment d'une nouvelle loi des sucres, laisse à penser qu'il se préoccupe de cette situation, et qu'il a la volonté de porter au mal un remède énergique, prompt surtout.

La colonie de la Guadeloupe, privée par force majeure d'une représentation légale, a voulu cependant que sa voix fût entendue dans ce débat. Et j'ai, avec deux honorables collègues (1), empêchés tous les deux par des motifs divers, reçu mission expresse de mes concitoyens, assemblés en comices solennels, non de traiter la question dans toute sa généralité, mais de faire connaître leurs vœux, de formuler leurs prétentions.

§ II.

En premier lieu, nous partons de ce principe initial : les habitants des colonies françaises sont Français.

D'où la conséquence qu'ils doivent être traités par la législation à l'égal des Français de la métropole, toutes les fois qu'il n'y aura pas un motif évident pour qu'il en soit autrement.

(1) M. le comte de Bouillé, délégué démissionnaire, et M. E. de Reizet, ancien délégué.

Nous disons, en second lieu, qu'il n'y a aucun motif pour qu'ils soient traités moins favorablement que les métropolitains.

Enfin, en troisième lieu, nous soutenons qu'il y a des motifs graves, nombreux, concordants, pour qu'ils soient, en certaines occurences, traités différemment, ou même plus favorablement que les habitants de la métropole même.

De ces trois propositions, la dernière seule étant contestable, c'est sur elle seule que porteront tous les développements ultérieurs.

En vertu de ces principes, nous demandons :

1° Que tous les produits coloniaux, dont les similaires ne sont pas imposés en France, ou n'y existent pas, soient admis en franchise ;

2° Qu'il n'y ait qu'un droit unique sur tous les sucres non raffinés ;

3° Que le sucre exotique français jouisse de la faveur d'une détaxe effective, c'est-à-dire non déduite dans le calcul du drawback ;

4° Que les surtaxes de pavillon de 10 ou de 20 francs, à l'importation de l'étranger aux colonies françaises, soient abolies.

Reprenons chacun de ces points en les étayant de leurs motifs.

§ III.

1° Franchise aux cafés et cacaos des colonies françaises.

La loi du 5 novembre 1790, qui a aboli les douanes intérieures, a établi, en droit, la libre circulation de province à province de tous les produits du sol et de l'industrie.

Conséquemment à ce principe, la loi du 29 avril 1845, complétée par l'ordonnance royale du 18 octobre de l'année suivante, est venue assurer à tous les produits naturels ou manufacturés de la France l'entrée libre et franche aux colonies.

En vertu du même principe, corroboré encore par les articles 1 et 2 de la loi du 3 juillet 1861 (1), les colonies viennent revendiquer la parité.

Elles demandent l'entrée en franchise en France de ceux de leurs produits dont la France n'impose pas les similaires, soit qu'elle les possède ou non.

Une application de cette règle a été faite naguère à l'égard des *tafias* des colonies. Leurs similaires, les eaux-de-vie, ne payant en France aucun impôt direct,

_____

(1) Art. 1er. Toutes marchandises étrangères dont l'importation est autorisée en France peuvent être importées dans les colonies de la Martinique, la Guadeloupe et la Réunion.

Art. 2. Les marchandises étrangères sont assujetties, à leur importation aux colonies, aux mêmes droits de douane que ceux qui leur sont imposés à leur importation en France.

ils ont été affranchis de tous droits de douane par le décret de juin 1853.

Nous demandons qu'il en soit de même à l'égard des cafés et des cacaos. A parler exactement, ces deux produits n'ont point en France de similaires proprement dits. Cela suffit pour qu'ils prétendent à l'entrée en franchise en France, de même que tous les produits français qui n'ont point de similaires au colonies y sont admis en franchise.

Mais il y a plus : on peut, sinon leur reconnaître des similaires en France, du moins leur assigner des *auxiliaires* ou des *succédanés*, lesquels n'acquittent aucun impôt. Ainsi, la chicorée pour le café et le lait pour le chocolat, sans être nullement semblables, s'emploient certainement à des usages identiques, et ils ont jusqu'ici échappé à tout impôt.

A cette légitime revendication, objecterait-on la perte qui doit en résulter pour le Trésor ? Ce serait, il faut le reconnaître, une singulière façon de raisonner, de répondre à une question de justice et d'équité par un argument de *profits et pertes*. Heureusement, en tous cas, que l'argument est sans valeur ; les recettes de la douane sur les cafés et cacaos des trois colonies réunies ne s'élèvent pas à 200,000 francs. Ce sacrifice serait donc bien léger !

On répondra encore que, avec la franchise, la production va augmenter aux colonies. Eh ! quand cela serait ! les colonies ne subissent-elles pas sans cesse le reproche d'avoir abandonné toutes les autres cultures pour ne s'adonner qu'à celle de la canne ? Ne serait-ce pas un moyen bien simple de les ramener à ces cultures trop délaissées? Car, qu'on veuille bien le remarquer, l'établissement des caféières et des cacaotières ramènerait naturellement à toutes les anciennes cultures : au tabac, à la vanille, aux épices, voire même au coton.

La canne est de sa nature ambitieuse, envahissante, intolérante, souveraine... Tous les établissements ne sont pas trop vastes pour sa manufacture; tous les champs sont trop étroits pour sa culture; tous les serviteurs, trop peu nombreux pour son service. Il lui faut de rases campagnes où elle puisse développer ses longs sillons; de l'air, des quatre points du vent; du soleil, d'un horizon à l'autre. Pas un arbre; pas une pierre. Tout lui fait obstacle ou lui porte ombrage.

Le cafier et le cacaotier sont moins altiers, plus modestes. Ils se logent partout, où l'on veut. Il leur faut au contraire des vallons, des côteaux, des abris. Une fois l'âge et les forces venus, ils ne demandent plus que personne s'occupe d'eux, jusqu'au moment fortuné où ils offrent à toutes mains, l'un ses gousses jaunes et l'autre ses baies rouges.

Pendant cela, que font les travailleurs ? Ils fécondent la vanille, échenillent le cotonnier, étêtent le tabac ou recueillent les épices.

Mais, quoi qu'il en soit, aucune de ces cultures ne pourra supplanter la canne aux colonies. La canne seule convient aux terres fortes, plates, découvertes, nues et relativement sèches, et en général à tout le littoral. Si les autres cultures peuvent devenir une précieuse ressource, elles ne peuvent point cependant devenir la base de l'agriculture coloniale, et leur développement est forcément limité.

§ IV.

2° Droit unique sur tous les sucres non raffinés.

Bien des gens s'étonnent sincèrement que les colonies françaises, les Antilles surtout, qui fabriquent en majeure partie des sucres inférieurs, se soient prononcées, avec précision, hardiesse et unanimité, en faveur de l'établissement d'un type unique pour la perception des droits sur tous les sucres non raffinés. Cet étonnement arrive jusqu'à la douleur chez ceux qui non-seulement s'intéressent par bonté d'âme aux colonies, mais encore, par une charité exagérée, s'en veulent faire les défenseurs officieux en dépit d'elles-mêmes. Nous allons essayer d'éclairer leur bonne foi. Mais si leur apparente bonhomie à notre égard n'est qu'un masque qui sert à cacher leur ardente affection pour les sucres pâteux et noirs du Brésil ou de Porto-Rico, il est fort à craindre que nous ne prenions ici une peine inutile.

Il est bien vrai que peu d'établissements aux Antilles font actuellement des sucres égaux ou supérieurs au n° 14 de Hollande. Peu de propriétaires ont pu mettre à la réforme le vieil outillage du père Labat, et supporter les frais d'installations perfectionnées. C'est ce qu'on voit. Mais ce qu'on ne voit pas, — pour prendre le langage de Bastiat, — c'est que tous les propriétaires sont déterminés à suivre l'exemple donné par le petit nombre; que tous, au prix des plus grands sacrifices, s'apprêtent à entrer dans la voie du progrès qui leur est heureusement ouverte par l'établissement du Crédit foncier colonial.

Ce qu'on semble ignorer, c'est que les colons sont las de recevoir à la face les épithètes injurieuses d'indolents, apathiques, retardataires... si souvent prodiguées.

Ce qu'on paraît oublier, c'est que les colons dans tous les temps ont fait des efforts prodigieux pour progresser, et qu'à peine un progrès était-il réalisé chez eux, qu'une surtaxe venait, au nom de la loi, l'anéantir. Que trois fois déjà, comme nous le raconterons plus bas, une grande partie de la fortune coloniale a été détruite *de main de législateur*. Et que les colons ont mille raisons de craindre, comme un traquenard, cette échelle des types... *qui ne dit rien qui vaille.*

A ces raisons majeures s'en ajoutent bien d'autres qui ne sont pas sans valeur.

L'appréciation des types est, dans la pratique, difficultueuse; les agents de la douane jouissent nécessairement à cet égard d'une certaine omnipotence.

En l'absence d'un saccharimètre fidèle, l'échelle des types, qui procède, non par une graduation égale et continue, mais par degrés intervallés, blesse profondément l'équitable principe de la proportionalité qu'elle était destinée à faire prévaloir. A chaque échelon, il arrivera, en effet, que, de deux nuances presque semblables, l'une sera rejetée au type inférieur pendant que l'autre sera portée au type supérieur.

Enfin, reproche capital, la graduation des types ouvre une ample carrière à la fraude. Tous les fabricants reconnaissent qu'il est facile de sophistiquer la nuance sans altérer la richesse saccharine de la matière. Et alors que devient la vérité de l'impôt?

Ce n'est pas assurément que la valeur du principe de la proportionalité en matière d'impôts soit aucunement contestée. Mais, de même que ce principe n'a pu être appliqué pour une foule de produits divers, nous pensons qu'il y a, à son application à la matière saccharine, des inconvénients tels, qu'il est de toute nécessité d'y renoncer.

Une dernière observation, pour terminer, sur ce point. La législation des types semble vouée de sa nature à une instabilité perpétuelle. Le type unique ne présente qu'une combinaison unique. Or, en fait d'industrie, changement de législation peut généralement se traduire par *désastre*. Aussi, toutes les parties intéressées dans ce débat sont-elles unanimement d'accord pour souhaiter à la prochaine loi la plus grande longévité possible.

§ V.

De la détaxe des sucres coloniaux.

Les métropoles ne conservant des colonies que parce qu'elles y ont un intérêt quelconque, nous disons qu'il est de l'essence même des choses qu'elles leur accordent une certaine protection ; non pas seulement une protection matérielle contre les attaques de vive force, — ce qui ne peut être contesté, — mais aussi une protection économique contre la concurrence des produits similaires étrangers, voire même indigènes,— et alors même que la métropole aurait, quant à elle, adopté la politique du libre-échange.

Il y a, en effet, une chose que les théories ne changeront pas : c'est la géographie.

Qu'on ouvre en France toutes les barrières aux produits étrangers. Les produits indigènes français, à prix de revient égal, n'en seront pas moins protégés contre tous similaires étrangers par *la distance* que ceux-ci ont à parcourir pour se rendre sur le marché français, et les frais, le déchet, le renchérissement qui en résultent.

Les produits exotiques français, au contraire, se trouveront relégués dans la catégorie des produits étrangers, se trouveront même le plus souvent dans une position pire, ayant de plus grandes distances à parcourir pour arriver au marché métropolitain.

Voilà la raison absolue. Tant que vous voudrez *posséder* des colonies, c'est-à-dire les gouverner, les administrer, les régenter dans leurs finances, leurs douanes, leur commerce et leur industrie, il faudra les protéger, ou sinon elles tomberont en ruines ; la production s'y arrêtera, et la consommation avec : ce ne seront plus des colonies. Il vous restera des rochers stériles, des rades désertes : vous n'aurez plus de colonies.

A cet insurmontable obstacle de la géographie s'ajoutent bien d'autres considérations.

Une colonie, — une petite colonie surtout, — n'étant qu'une excroissance, pour ainsi dire, de la métropole, en emprunte tout, le mouvement, le sang, la vie. Eh bien ! cette vie d'emprunt est toujours imparfaite, et de toutes façons. La main-d'œuvre est plus rare, la houille est plus chère, le loyer des capitaux est usuraire, toutes les méthodes sont arriérées, le progrès est lent... Puis, sur ce corps où la vie languit, la vermine du parasitisme pullule : les intermédiaires absorbent tout. Enfin, — et ceci est surtout vrai pour les Français, — la métropole, impassible croupier, attire à soi les enjeux sitôt qu'ils sont faits ; les intelligences d'élite retournent au foyer des lumières ; les fortunes, au lieu du plaisir et du repos ; les capitaux, au centre des affaires. Comment le niveau colonial ne s'abaisserait-il pas sans cesse, quand *l'absentéisme* fait constamment disparaître les sommités ?

Mais resserrons le débat en ses véritables termes :

occupons-nous uniquement de la France et de ses colonies. Les arguments vont se presser en foule.

Comment sont considérées les colonies françaises dans les traités de commerce conclus par la métropole? A peu près comme si elles n'existaient pas. Les relations commerciales de la France ne sont établies qu'en vue de la France *continentale*, et non dans l'intérêt de quelques petits centres français, disséminés au hasard des événements sur la surface du globe.

Par exemple, le traité récent conclu avec l'Angleterre ne doit-il pas profiter à peu près exclusivement aux pays français qui avoisinent l'Angleterre? Quelle peut être son influence sur la Martinique, la Guadeloupe ou la Réunion? Pour que le traité fût utile aux Antilles, il faudrait qu'il eût été conclu avec leurs voisins, les Etats d'Amérique. Mais la politique s'occupe-t-elle de ces détails?

Elle s'en occupe si peu que, malgré la loi du 26 juin 1861, qui a eu la bonne intention d'*émanciper* les colonies, celles-ci ne peuvent pas profiter des stipulations avantageuses contenues au traité de janvier 1860 avec l'Angleterre. Ces stipulations, en effet, sont soumises à une condition, c'est l'importation *directe* d'un pays dans l'autre. Or, nos Antilles, par la restriction de leur marché intérieur, ne peuvent donner accès à une cargaison complète venant d'Angleterre. Les navires importateurs seraient donc obligés de faire escale da un port français, d'où des frais considérables. Pour q les Antilles françaises pussent profiter des avantage du traité, il faudrait qu'elles fussent au-

torisées à importer, non pas d'Angleterre *directement*, mais des colonies anglaises, leurs voisines... On n'y a pas songé.

L'industrie indigène, pour transporter ses produits sur le marché, peut se servir d'un camion belge et d'un cheval de Mecklembourg ; le colon, qui a la mer à traverser, en est puni : il ne peut se servir d'un navire étranger, sous peine d'une amende de 20 ou de 30 fr. par tonneau.

Au moins, a-t-il la faculté, s'il veut voiturer ses produits sous pavillon étranger, de les porter à l'étranger? Oui ! répond la loi du 26 juin. — Non ! disent les faits. Pour que les navires étrangers pussent fructueusement venir prendre les sucres coloniaux, il leur faudrait un chargement d'entrée. Or, ils sont encore arrêtés par l'amende de 10 ou de 20 fr., que la douane impose à leurs marchandises.

Veut-on préciser encore le débat, et parler *sucre pur* ? La cause coloniale y puisera des arguments d'une force nouvelle.

Le droit sur les sucres coloniaux est perçu par la douane, à qui pas une parcelle n'échappe, tandis que les droits sur les sucres indigènes sont perçus, au moyen de l'exercice, par le service des contributions indirectes, et *beaucoup de sucre échappe sans payer l'impôt* (1). *Il y a une fraude considérable* (2). Quant au mode de l'*abonnement*, il n'a pas plus de vertu, à en

---

(1) Exposé des motifs du 4 avril 1836.
(2) M. Duchâtel, séance de la Chambre des députés du 9 mai 1840.

croire l'exposé des motifs du 4 janvier 1837 : « L'éva-
» luation de la matière première ouvre un large champ
» à la fraude. La fixation d'un rendement moyen, né-
» cessairement établi au-dessous de la réalité, affran-
» chit de tout impôt les produits qui, dans les bonnes
» fabriques, dépassent le rendement moyen. »

Non-seulement le colon paie intégralement le droit
sur toute la quantité qu'il possède, mais, chose exces-
sivement réjouissante, il paie même pour du sucre
qu'il ne possède pas. La chose mérite explication. La
tare que le commerce retire du poids brut des sucres
des Antilles, pour ne payer le prix que du poids net,
est de 15 0/0 au minimum. Pour 100 kil. de sucre en
futaille, le colon ne reçoit que le prix de 85 kil. Or, la
douane, pour prélever le droit, ne passe que 13 0/0 de
tare, c'est-a-dire que le colon paie les droits sur 87
kil., alors qu'il n'en vend effectivement que 85. Ainsi,
la Guadeloupe, qui vend annuellement 60 mille barri-
ques, acquitte les droits sur 62 mille.....

§ VI.

Il est un autre ordre de motifs qui méritent d'être
déduits en faveur de nos Antilles. Ce sont des faits qui
n'ont nul besoin de commentaires : ils sont éloquents
par eux-mêmes.

En 1682, les Antilles étaient en grande prospérité.
Elles étaient déjà parvenues à fabriquer des sucres
raffinés. Par trois arrêts successifs, dont le dernier du
16 janvier 1698, le Conseil d'Etat arriva, après avoir

défendu d'établir de nouvelles raffineries, à édicter une taxe de 22 livres 10 sous, qui alors était complétement prohibitive, et toutes les raffineries existant aux colonies furent anéanties, au profit de la raffinerie indigène. Ce fut la première destruction de l'industrie coloniale par le fait du législateur.

Ne pouvant plus faire de raffinés, les colonies se mirent, après bien des tâtonnements, à faire des sucres *terrés*, ce qui n'était pas défendu. Si bien qu'en 1790 la Martinique et la Guadeloupe en produisaient 33 millions de livres. Mais la raffinerie indigène supportait impatiemment cette espèce de concurrence, et elle obtint que la loi du 28 avril 1816, à la taxe de 45 fr. imposée aux sucres bruts coloniaux, ajoutât une surtaxe de 25 fr. sur les terrés. La fabrication des terrés dut cesser, et le capital de 25 à 30 millions, engagé dans ce perfectionnement, fut perdu sans compensation.

Seconde destruction de l'industrie coloniale par la main du législateur.

Ne pouvant plus faire de terrés, les colons, par de nouveaux perfectionnements et par de nouvelles dépenses, arrivèrent à faire des *bruts blancs*. Mais la loi du 26 avril 1836 vint encore tout anéantir par la surtaxe, et les colonies perdirent, pour la troisième fois, les capitaux qu'elles avaient engagés, dans le but de se rapprocher du consommateur, par le progrès de leur fabrication (1).

(1) *Étude sur le système colonial*, par le comte A. de Chazelle. — Passim. — Paris. — Guillaumin et Cⁱᵉ.

§ VII.

Le législateur qui a ainsi par trois fois,—pour satisfaire l'industrie rivale de la raffinerie indigène,— anéanti le progrès aux colonies, mieux éclairé aujourd'hui, n'aura-t-il pas l'honnêteté de réparer le dommage commis? Ne| tiendra-t-il pas à honneur de tendre une main secourable aux malheureux qu'il a faits?

Si! assurément telle est sa volonté. Il l'a déjà prouvé en maintes circonstances, depuis plusieurs années. En 1852, un décret présidentiel dota les colonies d'une détaxe de 7 fr., dont elles jouissent encore en partie. C'était justice qu'aux rigueurs succédassent enfin quelques faveurs.

Mais, admirez la fatalité! Les lois du 23 mai 1860 et 3 juillet 1861, et les décrets du 16 janvier et du 24 juin 1861, ont produit, par leur combinaison, un résultat tel, que les sucres des Antilles ont éprouvé sur le marché métropolitain un préjudice précisément égal à la faveur qu'on voulait leur faire.

Ce fait aujourd'hui pourrait se passer de démonstration, n'étant plus sérieusement contesté. On nous permettra cependant d'en donner une courte explication, qui pourra n'être pas sans utilité pour les personnes peu versées dans ces matières.

Si les sucres coloniaux payaient les mêmes droits que tous les autres sucres à l'entrée, et s'ils recevaient le même drawback à la sortie, il est clair qu'à *qualité égale*, l'acheteur, le raffineur, en donnerait le même prix : par exemple, 100 francs les 100 kilogrammes. Mais avec la différence des droits et la différence des drawbacks qui existent, si le raffineur donne 100 francs de ces sucres divers, voici ce qui va se passer.

Pour les sucres des colonies françaises :

Le raffineur payant 100 kilog. 100 francs, il y a
  38 fr. 40 qui vont au Trésor pour acquitter le droit,
et 61   60 qui vont au producteur ou aux inter-
          médiaires.
_____
100 fr. »»
_____

A l'exportation, le Trésor restitue au raffineur le droit, soit 38 fr. 40 c. La quantité de sucre raffiné produite par les 100 kilogrammes de sucre brut coûte donc bien au raffineur 61 fr. 60 c.

Pour le sucre étranger, au contraire.

Le raffineur payant 100 kilog. 100 francs, il y a
  42 fr. de droits allant au Trésor.
et 58   allant au producteur et aux intermédiaires.
_____
100 fr.
_____

Mais à l'exportation le Trésor restitue au raffineur 42 fr. (1). La quantité de sucre raffiné produite par

_____
(1) Le Trésor ne restituera pas exactement 42 fr., pas plus qu'il n'aura restitué exactement 38 fr. 40 dans le premier cas, parce qu'il y a

les 100 kilogrammes de sucre brut (et qui est la même que dans le cas précédent, puisque par hypothèse les sucres étaient de même qualité), cette quantité de sucre raffiné, dis-je, n'aura coûté au raffineur que 58 fr. au lieu de 61 fr. 60 c. qu'elle lui coûtait dans le premier cas. Le raffineur a donc un avantage de 3 fr. 60 c. par 100 kilogrammes à acheter du sucre étranger de préférence au sucre colonial français. D'où il suit que, pour que les sucres des Antilles puissent trouver preneurs, il faut qu'ils consentent à s'offrir à 3 fr. 60 c. au-dessous de leur valeur réelle. Voilà comment les colons éprouvent par le fait un dommage à peu près égal à la faveur qu'on a voulu leur faire.

Pour que la détaxe redevienne une faveur véritable, au lieu de rester un leurre détestable, il faut que, dans les deux cas précités, la restitution de droits soit également de 42 fr. ou également de 38 fr. 40 c. Il faut, en un mot, que le drawback soit uniforme pour tous les sucres. C'est là la question de vie ou de mort pour les colonies.

L'Empereur l'a ainsi compris, comme l'attestent les paroles rapportées en tête de ce travail.

Aussi, grâce au jeu des drawbacks et au commerce

un déchet au raffinage. Mais le rendement ayant été supposé le même, la proportion ne changera pas sensiblement. En supposant le rendement de 92 0/0, les chiffres exacts du drawback seraient, pour le sucre colonial, de 35 fr. 32 c., et pour le sucre étranger de 38 fr. 64 c. La différence en faveur de ce dernier ne serait donc réellement que de 3 fr. 32 c. au lieu de 3 fr. 60 c. Mais on a cru, pour donner plus de clarté à la démonstration, pouvoir négliger ces détails, qui compliquent et hérissent inutilement la question.

des quittances, ces deux dernières années ont été le coup de grâce des Antilles. Elles en sont aux dernières extrémités, et déjà les salaires ont été suspendus sur un nombre considérable de plantations.

§ VIII.

Le principe de la détaxe une fois admis, on a à se demander quel en sera le chiffre.

La Martinique a, dans un document récent (1), demandé 10 fr. pour 100 kilog., en évaluant, à ce chiffre, les frais que les sucres coloniaux ont à supporter, pour se rendre de leur marché fictif, la ville de Saint-Pierre, au marché réel, les ports de mer français ; mais bien des éléments essentiels ont été omis dans ce calcul. Il n'y a donc pas lieu de s'étonner qu'il diffère grandement du chiffre établi quelques années plus tôt par la Chambre de commerce de Nantes, qui fixait celui de 20 fr. pour 100 kilog. (2). Au moins, peut-on l'accepter en toute sécurité comme un minimum.

D'autre part, si l'on acquiesce à cette revendication des colonies, qui consiste à demander la réparation du dommage commis par le fait de la législation barbare, dont nous venons de retracer la triste histoire, on arrive encore à ce même chiffre de 10 fr. par 100 kilog., ou 10 centimes par kilogr. Ces dix centimes repré-

---

(1) Délibération des colons de la Martinique réunis en assemblée générale.
(2) Mémoire sur la question des sucres, 1858.

sentent exactement, en effet, l'intérêt du capital qu'il s'agit de débourser aujourd'hui, pour se mettre au niveau des progrès accomplis par les industries rivales.

Cette demande, bien qu'elle ait paru exciter la colère des uns et le dédain des autres, n'a donc en soi rien d'illégitime, rien d'exagéré. Mais la justice et la modération ne suffisent pas pour gagner les causes... sans avocats.

§ IX.

Enfin, la quotité de la détaxe étant fixée, reste à savoir quelle en doit être la durée. Sera-t-elle permanente, comme le demande la Martinique? ou temporaire, comme l'avait voulu la législation de 1852?

En vertu des considérations déduites au début du paragraphe 5, nous pensons que tant que la France voudra conserver les colonies, non-seulement sous sa suzeraineté politique, mais encore sous sa dépendance commerciale et économique, la cause persistant, l'effet doit subsister. La détaxe serait en ce sens permanente.

Si, au contraire, après un temps donné qu'il n'est pas possible de limiter à l'avance, et lorsque les colonies seront en possession d'une prospérité relative, la France consentait à leur accorder un affranchissement complet, au point de vue administratif et commercial, et si elle établissait, pour l'industrie indigène, une perception de droits aussi stricte que pour l'industrie coloniale, on rentrerait alors dans la pureté des principes économiques, et nous ne verrions plus,—nous le reconnaissons sans ambages,—nous ne verrions plus aucun motif plausible pour le maintien d'une protection quelconque des tarifs.

§ X.

Abolition des surtaxes de pavillon établies par la loi du 9 Juillet 1861 sur les Importations des étrangers aux colonies.

Ici nos adversaires, et même de trop superficiels amis, vont peut-être se récrier.

Eh quoi! diront-ils, voulez-vous donc prendre de toutes mains? manger à tous râteliers? Vous demandez à la fois protection et liberté! Pour Dieu! faites votre choix. Si vous voulez la détaxe de vos produits, en qualité d'exotiques français, endurez aussi la surtaxe en faveur des produits indigènes français. Ou bien, si vous voulez jouir de toutes libertés avec l'étranger, renoncez à toutes faveurs sur les marchés nationaux. L'inconséquence est par trop flagrante... et la patience a des bornes!

Telle sera assurément la pensée, quelque atténuées que puissent être les expressions.

Il faut convenir qu'il y a, en effet, dans les termes, une apparente contradiction; mais elle n'est heureusement que dans les mots. Au fond des choses, — et ceux qui nous ont suivi jusqu'ici avec quelque attention en auront ainsi jugé,—il y a parfaite concordance; tout se lie, au contraire, comme les anneaux de la chaîne.

Nous demandons une détaxe, pourquoi? Parce que nous sommes dans la misère, la ruine, l'expropriation et la faillite, et parce que ces désastres, c'est vous qui les avez faits; parce que nous avions un *pacte* juré, un contrat *synallagmatique*, et que vous en avez fait longtemps un contrat *léonin*, tout avantages pour vous et tout charges pour nous; parce que nous subissons encore, à l'heure qu'il est, bonne partie de vos monopoles de commerce et de navigation.

Nous ne demandons pas, à cette heure, la liberté pure et simple, parce que, en conscience, ce n'est pas la liberté que réclame l'agonisant. Il demande des beaumes et des onctions. Remettez-nous donc sur pied. pour que nous puissions marcher, — alors vous n'aurez plus la peine de nous porter!

Mais, quoi que vous puissiez faire pour nous, vous ne le faites qu'à regret. Cette protection, si bien due qu'elle soit, vous nous la pesez au trébuchet. Il répugne à vos aspirations nouvelles de suivre ces voies où les siècles passèrent, aujourd'hui abandonnées. Et vous ne voudrez pas, vous ne pourrez pas longtemps y marcher. Il faudra bien que le moment vienne où vous nous direz: Cheminez... et passez votre chemin. Nous le savons; nous le voyons: vous le dites vous-même.

Eh bien! prétendez-vous procéder par à coup? violemment? sans transition? Cela n'est pas possible.

Pour nous passer de votre protection, il faut que nous ayons commencé à nous appuyer sur d'autres. Les relations d'échange, les courants commerciaux, ne s'établissent pas du jour au lendemain. Il faut, à ces nouvelles relations, préparer les voies ; il faut, à ces courants nouveaux, creuser des canaux. Et tout cela, c'est l'œuvre du temps.

Mais si l'étranger continue à être tenu à l'écart de nos ports par des surtaxes, comment le *commencement commencera-t-il !*

D'ailleurs, quel dommage l'abolition de ces surtaxes à l'importation de l'étranger fera-t-elle au commerce français ?

Le dommage sera, — et c'est la satisfaction du vœu de la justice, — en proportion inverse des faveurs qui seront faites à nos denrées sur le marché français. Ces faveurs sont-elles considérables ? Tous nos produits prendront le chemin de la France ; rien n'ira à l'étranger, et, par contre, rien ne viendra de l'étranger. Le dommage pour le commerce français est nul. Au contraire, à mesure que les faveurs nous seront diminuées sur les marchés français, une plus grande partie de nos produits se dirigeront vers l'étranger, et les importations étrangères augmenteront d'autant. Car, on le sait, l'importation et l'exportation sont nécessairement solidaires. Toute opération commerciale comprend deux actes : la vente et l'achat, l'aller et le retour.

§ XI.

CONCLUSION.

« Je ne veux pas que les colonies périssent, » a dit solennellement l'Empereur. Ces paroles sont un programme. Et ce programme sera une vérité.

Celui qui pour ravir l'Algérie à l'Afrique (1); la Calédonie à l'Océanie (2); l'Annam à l'Asie (3); les Aztecs à l'Amérique (4); s'en est allé, sur toutes les parties du globe, verser le sang et l'argent de la France, ne peut abandonner ces trois îles françaises qui émergent, en souriant, l'une du flot indien, les deux autres des ondes du Mexique.

Non! Réunion, Martinique et Guadeloupe, vous ne tomberez pas avant l'heure, fleurons désséchés, de la couronne impériale de France!

---

(1) Conquête de la Kabylie, 1854. — (2) Occupation, 1853. — (3) Expédition de Cochinchine, 1861. — (4) Guerre du Mexique, 1862.

PARIS. — IMPRIMERIE DE E. BRIÈRE, RUE SAINT-HONORÉ, 257.

PARIS,

IMPRIMERIE DE E. BRIÈRE,
Rue Saint-Honoré, 257.

www.ingramcontent.com/pod-product-compliance
Lightning Source LLC
Chambersburg PA
CBHW060813280326

41934CB00010B/2665